CORRESPONDANCE

ENTRE M. le Président de l'Assemblée coloniale de la partie française de Saint-Domingue,

E T M. le Commissaire des Colonies, faisant fonctions d'Intendant.

CORRESPONDANCE

ENTRE M. le Président de l'Assemblée coloniale de la partie française de Saint-Domingue,

ET M. le Commissaire des Colonies, faisant fonctions d'Intendant.

L E Président de l'Assemblée coloniale,

A M. de Proisy, administrateur des finances.

Cap, le 23 février 1792.

L'ASSEMBLÉE me charge de vous témoigner son étonnement et son mécontentement sur ce que les magasins de l'état se trouvent en ce moment démunis de comestibles pour pourvoir aux besoins des différens camps; vous sentez, Monsieur, qu'un objet aussi essentiel mérite toute votre attention, et doit opérer le plus grand découragement parmi des citoyens qui se sacrifient aussi généreusement pour la chose publique.

Il me semble que vous auriez pu pourvoir à l'approvisionnement du vin, d'après les différentes déclarations des capitaines qui en offroient deux cent cinquante barriques, et que

ce retard (voyant qu'on ne les enlevoit pas)
les aura peut-être mis dans le cas de les
vendre.

L'assemblée me charge de vous inviter,
Monsieur , à porter une surveillance plus
exacte pour un objet qui intéresse aussi essen-
tiellement l'ordre du service et le bien général.

S A L U T.

Signé D E L A V A L, président.

Pour copie, *signé* P R O I S Y.

Le Commissaire des Colonies, faisant fonctions d'Intendant,

A M. le Président de l'Assemblée coloniale.

Au Cap, le 24 février 1792.

C'est avec bien de la surprise que j'ai lu hier soir la lettre que vous m'avez adressée, pour m'informer que l'assemblée vous a chargé de me témoigner son *étonnement et son mé-contentement* sur ce que les magasins de l'état se trouvent en ce moment démunis de comestibles, pour pourvoir aux besoins des différens camps.

Si l'assemblée avoit voulu se faire représenter les nombreuses lettres, par lesquelles je l'ai constamment entretenue, depuis plus de deux mois, des consommations immenses du magasin général, et de la difficulté des remplacemens ; si elle n'avoit pas considéré, comme des *doléances* de ma part, les représentations que je lui ai souvent faites, par suite d'une prévoyance que les circonstances ne justifient que trop, sans doute elle se seroit dispensée de me témoigner sa surprise à cet égard ; mais pour détruire jusqu'à l'apparence du motif du reproche qu'elle me fait par votre lettre, je vais entrer dans quelques détails que vous lui soumettrez, si vous le jugez à propos.

Vous me dites que « j'aurois pu pourvoir à
» l'approvisionnement du vin, d'après les dif-
» férentes déclarations des capitaines qui en
» offroient deux cent cinquante barriques, et
» que ce retard (voyant qu'on ne les enlevoit
» pas) les aura peut-être mis dans le cas de
» les vendre ».

Si vous étiez, M. le Président, plus familier avec les règles du service qui m'est confié, vous sauriez que je ne fais point enlever des magasins des capitaines les objets qu'ils vendent; mais qu'ils en font eux-mêmes la livraison au magasin général, où les qualités en sont vérifiées. Or, j'offre de vous prouver que dès le lendemain que les propositions des capitaines m'ont été connues, je leur ai envoyé, à tous séparément, un *bon à fournir au magasin général;* ainsi, il ne leur restoit aucun prétexte pour vendre les objets qu'ils avoient offerts, et que je leur demandois; en effet, quelques-uns d'entr'eux se sont empressé à livrer, et d'autres ont éludé, ou n'ont envoyé au magasin que des objets dont on avoit le moins de besoin. Ce seroit donc inutilement que quelques capitaines, que j'ai

fait connoître à l'assemblée provinciale, cher-
cheroient leur excuse dans le subterfuge résul-
tant du défaut d'enlèvement ; et ce seroit vaine-
ment aussi que l'assemblée croiroit y trouver
la matière d'un reproche à ma charge.

Vous me dites, Monsieur, « qu'un objet aussi
» essentiel que les approvisionnemens doit mé-
» riter toute mon attention ». C'est parce que j'é-
tois pénétré de cette vérité que j'ai voulu, plus
d'une fois, arrêter celle de l'assemblée sur cette
partie importante du service ; et pour vous en
convaincre, je vous prie de lui faire mettre
sous les yeux mes lettres des 6, 17, 20, 27 et 31
décembre 1791, 10 et 16 janvier dernier, qui
traitoient particulièrement de cet objet. Je n'ai
reçu d'autre réponse aux cinq premières que
le premier de l'an, par un arrêté du 31 décembre, qui prononce ainsi : « L'assemblée
» arrête : que sous sa responsabilité, il (le
» commissaire des colonies, faisant fonctions
» d'intendant) sera rappelé au devoir de sa
» place, et qu'expédition du rapport fait par
» ses commissaires auprès de la marine et du
» commerce lui sera envoyée ». Si l'assemblée
avoit eu alors les sollicitudes que j'avois moi-
même, et qu'elle me témoigne aujourd'hui,
elle eût pu aviser aux moyens de prévenir les
difficultés que les circonstances font naître

Les explications ci-dessus suffiront, sans doute, pour réponse à votre lettre ; mais pour ôter à l'assemblée jusqu'au moyen de m'inculper sur l'article des approvisionnemens, dans le cas où ils deviendroient encore plus difficiles, je me dois à moi-même, et je dois au public, et à la responsabilité qu'on semble vouloir exercer à ma charge, de vous entretenir des dispositions que la prévoyance m'avoit déterminé à prendre, pour ne pas laisser en souffrance les subsistances des différens camps.

Pénétré de la nécessité de pourvoir à l'avance aux besoins du magasin général, par des secours étrangers, j'ai écrit, le 26 novembre, à M. de la Forest, vice-consul général à Philadelphie, pour lui demander un envoi immédiat de deux mille barils de farine. J'ai, peu de temps après, annoncé une adjudication publique d'une fourniture très-considérable à faire en comestibles ; mais sur un rapport fait à l'assemblée provinciale, j'ai été invité, par un arrêté du 16 janvier, a suspendre cette adjudication jusqu'à nouvel ordre. J'ai bien senti que ce nouvel ordre pouvoit emporter, avant qu'il soit établi, des délais fatals ; je n'ai pas perdu un instant, et dès le 25 janvier, j'ai de nouveau écrit à Philadelphie pour demander neuf mille barils de farine, quatre mille barils de salaison , deux mille quintaux de riz, cinq cens barils de pois et huit cens quintaux de biscuit, et j'ai lieu d'espérer qu'aussitôt que la fonte des glaces rendra libre la navigation de la Delaware, ces secours précieux nous parviendront.

Justement effrayé des demandes exhorbitantes qui m'étoient présentées de toutes parts pour les consommations des camps , je me suis long-temps permis , et par suite de l'économie dont mes fonctions me font la loi , de réduire les demandes dans des proportions relatives au nombre des consommateurs qui m'étoit connu ; je me suis permis souvent d'en retrancher des articles que je considérois , et que je considère encore comme des superfluités. Mais un arrêté de l'assemblée provinciale , arraché sans doute par importunité, a déclaré le 27 janvier , « que je demeurois requis , sous » ma responsabilité , de viser sans diminution » les états qui me seroient présentés pour l'ap- » provisionnement des différens camps de la » province du Nord , pour lesdits états être » remplis au fur et à mesure que les magasins » de l'état le pourroient ».

Depuis lors , je me suis conformé aux dispositions de cet arrêté , mais pour diminuer les inconvéniens qui pouvoient en résulter, j'ai adressé, le 10 de ce mois, une lettre à l'assemblée coloniale, pour la prier de s'occuper d'un réglement qui fixât d'une manière invariable les rations à distribuer aux troupes patriotiques et de ligne. Les papiers publics du lendemain, prouvent de quelle manière ma demande, suffisamment justifiée par son motif, et par une expérience de tous les jours, a été accueillie.

Aussi long-temps, Monsieur le Président, que je n'ai point remarqué dans l'assemblée l'intention de rendre ma conduite suspecte, je me suis dispensé de lui présenter des observations sur les suites de ses arrêtés ; mais dès l'instant que je trouve, ainsi que me le présente votre lettre, une disposition à me rendre garant des événemens qui ne sont point en ma puissance, je ne saurois, pour ma propre défense, m'empêcher de vous tracer l'influence que l'assemblée a eu sur mes opérations.

Je ne vous dirai pas qu'elle les a entravées, en les mettant sous la surveillance de l'assemblée provinciale ; si elle n'avoit pris que cette disposition, je lui devrois des remercîmens, 1° parce qu'elle n'a pas pu établir cette surveillance sans diminuer ma responsabilité ; 2° parce que la manière dont je l'ai accueillie, cette même surveillance, doit prouver que je n'avois ni motif, ni intérêt à l'écarter ; 3° parce que j'ai trouvé dans les lumières et le zèle des membres de cette assemblée des secours précieux, dont la chose publique a profité ; et enfin, parce qu'il me sera toujours agréable d'avoir à traiter avec des hommes , sans autres passions que le desir du bien. Mais je vous dirai, Monsieur le Président, et je m'en plains à vous , que malgré cette surveillance, mon administration, qui dès lors ne devoit plus porter d'ombrage, est devenue l'objet de déclamations, qui tendent à diminuer la considération qu'elle mérite, et à la rendre suspecte. Je me plains de ce qu'au lieu de m'aider de ses lumières, l'assemblée s'est livrée à des discussions, dont le résultat devoit nécessairement écarter la confiance que le commerce lui doit , et sans laquelle les opérations sont obstruées.

Je vous dirai encore , Monsieur le Président, que j'ai vu avec surprise , que par un arrêté du 9 de ce mois , qui s'exprime en ces termes :

« L'assemblée voulant, etc. Arrête que le com-
» missaire des colonies , faisant fonctions d'in-
» tendant, est autorisé à faire, avec des maisons
» de commere de cette ville, sous la surveillance
» de l'assemblée provinciale du Nord , les
» marchés qu'il croira nécessaires pour mettre
» les magasins de l'état à même de fournir aux
» besoins de la partie française de Saint-

» Domingue , pendant les premiers *six* mois
» de l'année courante (1) ».

L'assemblée semble m'interdire la faculté de porter la prévoyance au-delà des *six* premiers mois de cette année, comme si elle avoit pu ne pas prévoir que les mois de juillet et d'août seront les époques où les subsistances seront les plus chères , parce qu'aux approches de la nouvelle récolte, les États-Unis auront consommé presque toutes celles qui leur restoient de l'ancienne. Voilà , Monsieur le Président, quelques observations que je ne puis me dispenser de vous transmettre , elles contribueront à vous convaincre que l'assemblée se trompera souvent, si elle juge sur des premiers apperçus ; et qu'elle se trompera toujours , quand elle voudra répandre de la défaveur et de la défiance sur ma conduite et mes motifs ; et c'est parce que je suis bien convaincu qu'elle est exempte

____

(1) On voit par cet arrêté, qui ne m'est parvenu que le 11 février, que ce ne fut qu'à cette époque que j'ai été autorisé à substituer à une adjudication publique, qui devoit avoir lieu le 17 janvier, des marchés particuliers pour les fournitures de comestibles. On voit, dis-je, qu'il s'est passé ainsi près d'un mois, et l'on doit aujourd'hui sentir les inconvéniens d'un pareil délai.

de censure, que je vous prie de l'engager à nommer des commissaires pour examiner, dans le plus grand détail, les opérations de mon administration, relatives aux subsistances et aux fonds.

Les événemens, Monsieur le Président, ne sont pas toujours conformes à l'attente de l'administrateur; mais il ne dépend pas de lui de les maîtriser. Pour être exempt de reproche, il doit lui suffire de justifier de ses démarches et de leur but. Je le fais avec empressement pour la satisfaction de l'assemblée, et pour fixer l'opinion publique sur les miennes. Je le fais aussi pour éviter que l'objet de votre lettre devienne un motif de dénonciation, parce que je ne puis ni ne dois être responsable des effets, quand les causes me sont étrangères. Je me détermine, pour instruire le public de l'emploi des moyens qui sont en mon pouvoir, pour assurer dans l'avenir ses subsistances, et ne pas lui cacher les difficultés que j'éprouve dans ce moment à les faire entrer dans les magasins de l'état; je me détermine, dis - je, à livrer à l'impression votre lettre et ma réponse. Il verra, et l'assemblée aussi, que quoiqu'il existe des subsistances et du numéraire dans la ville du Cap, il seroit absurde de reprocher à l'administration, que le magasin général et le trésor

en sont démunis , quand les propriétaires des
comestibles et des espèces refusent de vendre
ou de prêter.

S A L U T.

Signé P R O I S Y.

AU CAP, DE L'IMPRIMERIE ROYALE.